Ronald Xavier Castro Villon

Pensamientos de un Corazøn Noble

AF548822

Ronald Xavier Castro Villon

Pensamientos de un Corazøn Noble

Paper heart

JustFiction Edition

Imprint

Cover image: www.ingimage.com

Publisher:
JustFiction! Edition
is a trademark of
Dodo Books Indian Ocean Ltd. and OmniScriptum S.R.L publishing group

120 High Road, East Finchley, London, N2 9ED, United Kingdom
Str. Armeneasca 28/1, office 1, Chisinau MD-2012, Republic of Moldova, Europe
Printed at: see last page
ISBN: 978-620-6-74290-6

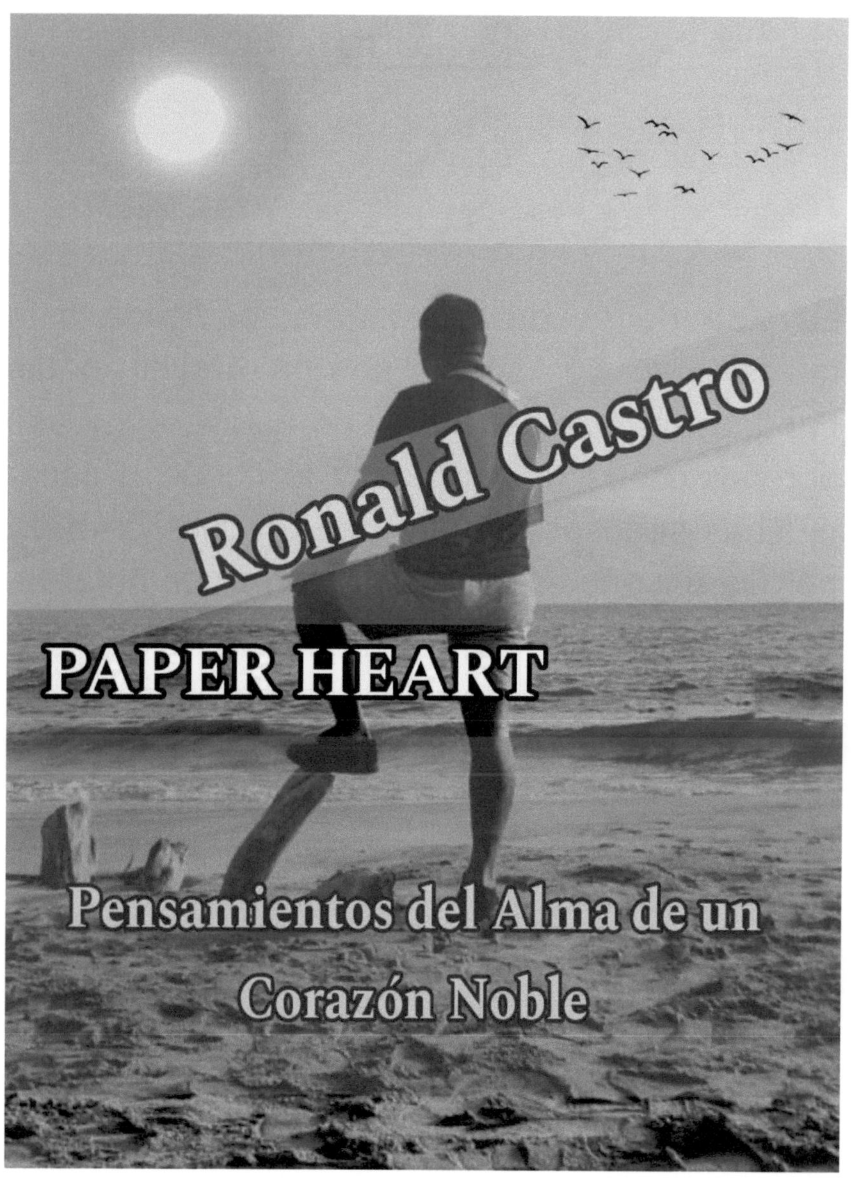
Ronald Castro
PAPER HEART
Pensamientos del Alma de un
Corazón Noble

Prólogo

La vida detrás de una pluma, dedicada a la mujer que yo soñe, a una mujer noble bondadosa, que cada dia que estuve a su lado aprendí cosas muy lindas y le llegue a sacar muchas sonrisas aunque con un corazón frío , pero le enseñe un mundo diferente con detalles, mostrando que una persona que aparece en tu vida para cambiarla, para mejorar para ser tu, verla sonreír con una carta, una tarjeta y muchas cosas más.

Para mi siempre seras la mujer maravillosa que llevo guardado dentro de mi corazón.

#NEMM

Escrito por Ronald Castro

La mujer perfecta e imperfecta

La mujer perfecta si existe, sino que no luce como siempre creíste, la mujer perfecta ya no viste a sus muñecas de princesa, ahora viste a sus miedos, limpia su casa de punta a punta, le quita las hojas secas a sus sueños, su silueta de su cuerpo ahora luce hermosa, su mirada sana, su mirada salva, bastaría en decirte que eres alguien en quien puedo confiar y en el mundo que vivimos hoy, es un lujo, pero la mujer perfecta si existe, solo que no te has dado cuenta y solo abre los ojos, porque la mujer perfecta ya no quiere ser perfecta.

PAPER HEART

El Camino a la Soledad

Llevo toda una vida escuchando que soy buena persona, la persona que posiblemente quisieras estar y si es así porque nadie se queda hasta el final, es como ser el camino , pero no el destino, ser un tren, un barco, un avión o cualquier otra cosa que transporta y te asegura un viaje, soy el medio para un fin, pero ese fin no me incluye.

PAPER HEART

El Silencio del Alma

Me endulzaste los oídos, me arrancaste las venas, despertaste mis demonios y te alejaste en silencio. Sino te ibas a quedar para que me desnudaste el alma.

PAPER HEART

Te Quiero Asi

Te quiero asi a veces sentimental como cada mañana, divertida como cada tarde dulce como cada noche, te quiero asi, con esa sonrisa de que la vida me indica un milagro, con esa mirada que me señala un más allá que está más cerca, te quiero asi caprichosa cuando las cosas no te salen bien, pero obstinada en conseguirla, te quiero así porque cuando llegas, la energía del lugar cambia y cuando te vas dejas una huella imposible de borrar, te quiero asi enojada cuando algo no te gusta , porque se que tu enojo no lo puedo cambiar por un beso de reconciliacion, te quiero asi como eres con todo lo malo y lo bueno que tienes porque el que se enamore de ti debe de fijarse y enamorarse más de lo malo que de lo bueno, a veces el error que tenemos es querer cambiar a las personas. pero debemos darnos cuenta que esa es su esencia.

Te quiero así porque llegue a conocer ese lindo y noble corazón , más allá de tu mal humor diario, tus críticas, tus puntos de vista, cuando reías y decías una locura o ocurrencia alegraste el día, te quiero así tan imperfecta que perfecta.

PAPER HEART

No Solo son Números

Somos dos piezas que encajamos a la perfección,
los dos con orgullo y muchas simplificaciones, como
un caso matemático, pero a la vez como dos # que al
estar juntos , son como una conexión, pero cuando
los simplificas queda como un # solitario que por
dentro lleva un vacío y se siente como un cero, así
sea un # fuerte y de mayor grado, porque así lo
quieren las leyes matemáticas pero como dicen por
ahí igual todo suma.

PAPER HEART

Deje de correr

hoy en día solo corro por las personas que me interesan , ya no espero un milagro, solo espero que pase, solo corro para salvar a las personas especiales porque muchas veces salve algunas y me terminaba ahogando cuando otras personas la empujaron y terminaban haciéndome sentir culpable por todo , ya no doy consejos a la persona que no me lo pidió y no lo ve con buenos ojos , deje de correr para cumplir expectativas de gente que es valiente para criticar y muy cobarde para intentar , ahora solo observó y sigo, simplemente la persona que merece que corra por ella lo haré.

PAPER HEART

Siempre Gana el que más se Arriesga

Siempre gana más el que aprende a estar en paz y vaciar su maleta para viajar con lo esencial, siempre gana más el que se entrega por completo a la aventura y no el que se queda en la orilla a mirar, siempre gana más el que lastima por intentar algo bonito y noble, que el q se mantiene intacto por miedo a fracasar , siempre gana más el que entrega su corazón por completo, que el que se asfixia por no quererse expresar , siempre gana más el que es sincero hasta el final , siempre gana más el que entiende que la vida es corta y no hay segunda oportunidad.

PAPER HEART

Tu Descripción

Te puedo describir de mil maneras y todas diríán lo mismo , ese color de piel que me gusta , ese cuerpo angelical que te hace ver una perfección, esa mirada que me vuelve loco , esos ojitos color café, que con su mirada dicen mucho y a su vez dicen poco , esos labios que quiero volver a besar con esa pasión , tocar tu cuerpo de punta a punta y quedarme en tu pecho , tener esas conversaciones donde nos sacamos risas , donde el buenos días y las buenas noches forman parte de algo lindo , no me cansaré de decirte que eres una mujer hermosa , una mujer valiente y una mujer capaz de cumplir metas y sueños, siempre me sentiré orgulloso de ti y voy aplaudir cada logro y cada meta que cruces.

PAPER HEART

Un viaje Inesperado

Las buenas personas nunca llegan prometiendo, siempre llegan demostrando, son esas en las que debes confiar y a las que debes cuidar.

No siempre serás importante para alguien, solo despierta y date cuenta , que el camino por más empedrado esté, con lomas , con charcos , nos sigue llevando a ese mismo lugar para juntarnos no por insistencia, sino por destino, me subí a un bus donde decía casa y me llevó a tu corazón.

PAPER HEART

Soltarte

Estoy intentando soltarte , pero a veces extraño todo, tus mensajes, tu voz, cada gesto, cada detalle las veces que me hacías sentir mejor, me alegrabas tanto el día, era feliz con solo ver un mensaje tuyo, extraño tus abrazos, extraño esos días dónde éramos solo tú y yo, eras mi refugio más bonito, nuestra conexión fue inexplicable desde el día que nos conocimos, pero debo asimilar que ha terminado aunque duela y te piense todo los días y como quisiera volver donde fui felíz, pero tampoco quisiera donde hicieron daño también.

PAPER HEART

Soltarte II

Tengo que soltarte porque ya no me hace bien, todas las cosas que pasamos juntos, tengo que soltar el abrazo que no te di, el beso que quería darte con pasión antes de que marcharas, ese aplauso de amor de verte lograr cada objetivo, cada pasada a esa meta en cada carrera, tengo que soltar ese pedazo de corazón que te di y verlo sanar nuevamente, hay amores que son una herida y yo creí que valía la pena sangrar contigo, hoy me quedo un tanto libre y te dejo libre de lo que sea que vivimos y lo que sea que perdimos, pero se que pensaras en mi y vas a recordar cosas bonitas que pasamos juntos, risas, conversaciones, jugar entre nosotros , en las apuestas de las adivinanzas, de los juegos de mesa etc..

no te dejaré de querer pase lo que pase.

Hoy me despido con un hasta luego , más no con un adiós, la vida nos volverá a juntar porque tu y yo sabemos lo que pasó.

PAPER HEART

Nose hasta Cuando

Te veo y no puedo más que quererte, porque llegaste a mi vida y todo cambió para siempre, porque alborotaste mi alma con cada mirada , cada sonrisa , porque tomar tu mano me dio una calma, eres diferente, tienes esa chispa que enciende todo a tu paso, hoy quiero estar a lado tuyo y besarte sabiendo que cada segundo cuenta y si hay algo que no sabemos es hasta cuando estarás en mi corazón.

PAPER HEART

Historia

Ojalá pudiéramos ver el corazón del otro para poder evitar lastimarlo.

Ojalá pudiéramos comprender que cada quien libra sus propias batallas y guerras interminables, ojalá fuéramos más amables, más empáticos.

Ojalá hubiera menos egoísmo para comprender que cada persona lleva su propia historia , que tal vez no ha sido la mejor y que a veces solo busca desahogar su tristeza o salir adelante.

Ojalá puedas mirar y sentir como yo lo hago por tí, ponerte en mis zapatos, que los sentimientos hacia ti , son muy buenos.

Imagínate dañar a la persona que la vida te envió para sanarte, para sacarte sonrisas y demostrar que se puede luchar junto a alguien que quiere lo mejor para tí.

Yo ya conocí a la persona que voy a tener tatuada en el alma toda mi vida.

#NEMM

PAPER HEART

Sinceridad

Sabes nunca tendrás un amor tan sincero sin saber lo que es el miedo, sin saber que te puede hacer reír sin esperar nada a cambio, que se conforma con verte 5' para ver tus ojos, besarte o mil horas para estar contigo no solo teniendo sexo, sino disfrutando de su día.

Pero no van a encontrar esa persona tan sincera que quiso tanto, pero que lastimaste y aún así estuvo ahí, dirás por capricho o algún otra cosa, pero sabes que, él estuvo ahí porque realmente quería algo bonito contigo.

Ojalá no sea muy tarde para abrir los ojos y saber que perdiste algo bonito.

PAPER HEART

No voy a Mentir

Te voy a decir la verdad y te lo voy aceptar, me hubiera gustado vivir más cosas contigo, me hubiera encantado ser el amor de tu vida, pero a veces las cosas no salen como uno quiere y el hecho que yo quiera todo contigo, no quiere decir que tu pensaras igual, lastimosamente cuando se está con alguien especial y solo uno es el que da, las cosas no funcionan, pero al final la otra persona se da cuenta de eso muy tarde y luego se arrepiente de no escuchar a su corazón por escuchar a su cerebro.

Te quiero.

PAPER HEART

Alegría

El camino ha sido largo, muchas veces enérgico y otras veces agotador pero sigues de pie, firme en conseguir tus metas, objetivos y sueños.

Hoy te aplaudo , porque nunca has pensado en rendirte, al contrario siempre buscas dar más de tí y eso es de admirar .

Y la mejor manera de decirle a alguien " viste que si podías" es verle la cara de alegría.

PAPER HEART

La Vida

Cada día es un aprendizaje, si me caigo una vez me levantó dos y estaré ahí para darte la mano y ayudarte a levantar, me comunicó la vida, vas a seguir aprendiendo, mejorando y ganando experiencia, el destino me dijo tú pon la fuerza y que yo te pongo a las personas indicadas.

Así que a seguir cosechando triunfos, somos un gran equipo juntos y vamos a pelear para llegar a la meta con una gran sonrisa, la vida nos pone obstáculos en el camino, gente buena y mala, de uno depende si brincas el obstáculo, lo haces aún lado, corres o caminas, necesitamos gente que sume, más no! que reste , gente que te de aliento a seguir, no que hablen a tus espaldas y digan ser tus amigos, gente que camine contigo, no gente que un dia si y otro dia no, aprende a valorar lo que tienes y lo que la vida te pone a tu lado.

PAPER HEART

La Promesa

Te prometí un día, que iba a estar en la buena y en las malas y quiero que recuerdes que aunque no me hables y yo no te hable, esa promesa quedará guardada.

Te cuido desde lejos pretty eyes.

PAPER HEART

La Resiliencia

La resiliencia se encarga en reconstruir mi ganas de soñar, la escritura de mi identidad, la fé me alza más y Dios está pendiente de que no decline.

Cada vez vienen días mejores, pero las reglas para ingresar a mi vida hoy en día están claras y no cualquiera podrá ingresar, por el momento hay un letrero donde dice obrero trabajando, estoy construyendo un parque de diversiones donde será un lugar divertido, un lugar bonito, con un mirador hacia el futuro, un sillón para soñar, un jardín inmenso para el amor y así volver hacer un lugar felíz y mucho mejor que antes.

PAPER HEART

EL HILO

Si un dia encuentras las puertas cerrada, no será para reprocharte ni nada de eso, mas bien te di una relación bonita, sana y sobretodo valiosa, que lucharía por seguir ahí, sip, pero se tiene que aceptar que no es un error , más bien una dura decisión de alguien que piensa diferente y que no está preparada para vivir cosas bonitas.

hay cosas que no te atreves a hacer porque tienes miedo de lo que pensarían de ti, aquellos a los que crees que les importas, solo que aun no te enteras que muchos de ellos, realmente no se alegraran de verte lograrlo y el dia que te sientes hacer un inventario de las personas que te quisieron de verdad, que dieron lo mejor de sí por verte sonreir, sin esperar mucho a cambio, con solo un sí intentemos que es sano, no olvides que siento un orgullo de lo que realmente eres.

PAPER HEART

NO ES RECUERDO

Cuando_tengas de frente un momento feliz, abrazalo fuerte, celebralo haz una pausa observalo y preguntarte porque y como llego eso tan bonito en mi vida, será que no lo merezco, será que la vida me lo puso en mi camino para enseñarme que si existe un sentimiento que no hace daño y que quiere lo mejor para mi y algunos momentos serán el resultado de tu trabajo de tu esfuerzo y será la cosecha que un dia sembraste y otros que seran regalo del cielo, quiero ver esa sonrisa que llena tu corazón, no pierdas la hermosura de aquello que piensas que es cotidiano, porque el dia de mañana puede que ya no esté, agradece y disfruta el tiempo con quienes amas, te tengo siempre en mis pequeñas oraciones, cuando veas mi recuerdo en foto o leas las cartas o este pequeño libro y digas pude ser feliz y no lo sabía.

PAPER HEART

QUIZÁS

Volvernos a encontrar, en un futuro, más maduros, más consciente de la vida

y tal vez ya listos para lo que dejamos pendiente.

Se que algun dia vas a ver esto, y te darás cuenta que lo que sentía por ti fue verdadero, hasta entonces te llevo en mi corazon y te deseo lo mejor hasta volverte a ver.

Te mando un abrazo enorme y se que hará bien, cierra los ojos que te daré un beso en la frente.

PAPER HEART

TE EXTRAÑO

Que si te extraño , sí pero cada dia menos y de una manera eso me da tristeza y también me alegra y aunque duele menos, cada dia te pienso menos , pero te sueño mas pero todo lo bonito lo guardo en un cajón, entre las fotos que yo no he borrado , se me dificulta hacerlo porque siento que se borra una parte de mi corazón y la verdad es que no quiero y te pido que nunca olvides que te quiero.

- Somos un tesoro y cualquiera que quiera estar en nuestras vida debería sentirse afortunado.
- Te extraño de la manera más callada que pueda existir.

PAPER HEART

LEALTAD

NO hay mayor lealtad, que ser fiel a lo que sientes y dicen que si tanto quieres a alguien, incluso si hay millones de razones para alejarme, buscaría millones de razones para quedarme.

- Que bonito es que te quieran sin complicaciones , aun así cuando sabes que eres difícil de querer hay un dicho que dice nunca ser el #2 en la vida de nadie.

PAPER HEART

TEATRO DE LOS SUEÑOS

Sacaste una versión muy linda de mi, no te digo para que te sientas satisfecha , pero de verdad te di lo mejor de mi , eres esa mujer que inspira, que sin hacer poco, me enamoro y me entrego su cuerpo, su tiempo, nose si llegue a entrar a tu corazón, pero quiero que sepas que fue lindo los gestos que hiciste por mi y para mi serás esa mujer que quiero tener en mi vida, significas mucho, ojala algun dia despiertes .

PAPER HEART

FUE MÁS QUE UN PENSAMIENTO

Más allá de un pensamiento es como una realidad que la gente vive hoy en día, no se si es bueno o malo a veces jugar con los sentimientos oh tenemos miedo a enamorarnos y que nos fallen nuevamente, depende de la perspectiva de cómo lo veas.

decidiste fingir para pasar un buen rato, tal vez no oh no estabas preparada o tuviste una mala experiencia o simplemente no era el momento, todos necesitamos de algo bonito que nos muestre interés, no ese interés a ratos, hoy en dia se ve eso en esa sociedad en esta selva de cemento, tanto así que llegamos a sentir un vacio por dentro, a veces solo queremos vivir el momento pero ese momento nos trae consecuencia porque solo lo pensaste , mas no lo sentiste pero si alguien entrega su corazón y no te entrega promesas vacías,a veces quisiera llegar a una conclusión perdí yo... perdiste tu... oh ambos perdimos.

p/d Nunca prometas estrellas si no eres capaz de prender dos velas , el amor no necesita ser entendido, solo necesita ser demostrado.

PAPER HEART

CORAZÓN DE PAPEL

El papel es sacado de un árbol, pero no cualquier árbol es sacado del mejor árbol del mundo (osea tu) Requiere de mucho cuidado, que es puro limpio, es amable, noble que si se arruga le quedan cicatrices, pero si lo cuidas y lo restauras con paciencia y cariño esas cicatrices se borran y saldrá un excelente dibujo una linda historia.

PAPER HEART

VERDAD

A una mujer de verdad, no se le va con engaños, de darle un beso, sin quererla, sin usarla, sin mirarla a los ojos y decirle eres increíble, a una mujer de verdad , hay que tratarla con transparencia, con dulzura , con una delicadeza, como si fuera una máquina del tiempo para congelar el presente y besarte como si se terminara la vida.

PAPER HEART

VIERNES DE NM

Como extraño esos viernes donde la diversión, la alegría y la pasión hacen de las suyas, donde habían caricias, risas, abrazos, besos y donde te hablaba al oído para bajar lentamente por tu cuello y así acariciarte hasta el infinito, esos viernes donde las almohadas hacen un muro, donde el baño nos refrescaba y el aroma de tu piel me pedía que te devore con locura, esos viernes donde te abrazaba fuerte y te decía quédate un poco más.

- Si sumara cada viernes de felicidad haría una máquina del tiempo y repetiría esos viernes una y otra vez todo los días.

PAPER HEART

LA ESENCIA

La esencia de una mujer no es su físico, es su sencillez, tu espíritu de lucha, su alma como un ángel, con un corazón noble, la esencia de una mujer cuando es madre deja aun lado la vanidad, para darle a los hijos un tesoro que es su amor, la esencia de una mujer no es despertar arreglada con maquillaje, joyas y con la mejor vestimenta , la esencia de una mujer es despertar al natural, la esencia de una mujer está en su sonrisa y en su bella mirada.

PAPER HEART

MI ANCLA

Me encantaría verte en otra vida o más adelante porque en esta ambos sabemos que es muy tarde de cualquier modo fue linda la fantasía contigo, despertar contigo, desayunar contigo, reir contigo, vivir por un tiempo finito, la vida que pudiésemos podido tener de habernos conocido antes, pero pertenecemos a realidades distintas, pero con corazones nobles tal vez no tienes ese valor de decir si, si quiero intentarlo, pero uno nunca está preparado para un final y no sabes cuanto me cuesta, pero vas estar bien y yo tambien, no sabia que podia ser tan frágil mi moral, pero me derriten tus ojos, tu sonrisa, tu amabilidad y encajamos en un espacio de tiempo que ambos nos sobraba y nos dejamos llevar, pero es momento de volver a nuestras vidas justo como antes de conocernos, hasta luego ojitos lindos. nunca digo adiós porque el mundo da vuelta y se que nos volveremos a encontrar, mientras tanto te seguiré queriendo.

Como quisiera volverte a conocer por primera vez, pero esta vez hacer las cosas bien.

PAPER HEART

SIN PRISA Y SIN PAUSA

Yo se que algun dia nos volveremos a ver y yo quiero que sepas que mientras yo viva yo voy a llevarte en mi corazón, la verdad creo que nadie va entender lo que yo sentí.

He sido un águila y en todo los viajes volé sin rumbo desconocido, pero esta vez me quede en tu nido

PAPER HEART

SIN FILTRO

La vi sin maquillaje y me encanto mas, varias veces la vi despeinada y me atrajo más, tuvo sus lesiones, sus caídas vi su mal genio en días irregulares, sus defectos y la seguí queriendo, entonces ahí me di cuenta, que no me enamore de su cuerpo, de su físico , sino de su alma.

No tienes idea la huellas que dejaste en mi corazon, aun recuerdo cuando viajamos juntos y me dijiste gracias por hacerme sentir bien, hoy sentí una paz, una tranquilidad, pasamos un momento de calidad, verte sonreir en la hamaca, verte disfrutar de la naturaleza, del columpio y sobre todo de mi, cada dia que me alejo, mas te pienso, pero cuando rondas por mi cabeza, más cerca te siento.

PAPER HEART

TE QUIERO Y TE CUIDO

La atención es tan importante como el amor.

si tuviera que elegir a alguien que te quiere y alguien que se preocupe por ti que harias!

Yo elegiría la segunda opción, no todos los que te dicen que te quieren se preocupan por ti, ten la seguridad que el que se preocupa por ti es porque te quiere.

Como quisiera abrazarte tan fuerte pero tan fuerte hasta que entendieras que lo único que quiero contigo tiene que ver con las cosas que nunca se encuentran y no tienen final.

PAPER HEART

TESORO

A una mujer de verdad, no se le va con engaños, no se le dice te quiero solo en palabras , a ella se le demuestra, hay que mirarla a los ojos y decirle eres incrible, a una mujer de verdad, hay que tratarla con transparencia, con dulzura, con una delicadeza, como si fuera una máquina del tiempo, que cuando pasa a tu lado, todo se detiene.

Su cara bonita, exquisita de mente y preciosa de corazón.

PAPER HEART

TE DESEO

Quiero que sepas que mis intenciones nunca fueron malas, solo quería cuidarte,ayudarte, apoyarte y hacer las cosas juntos y no está demás darte mi amor, porque quería que me dures mucho.

Siento que nos quedo pendiente un beso, un abrazo, una mirada, una caricia una cita que no llego, un cafe que se enfrio , una noche que el reloj consumio, nos quedo pendiente tener sexo como esos viernes que eran de nosotros y hoy en dia lo bonito de la noche sin duda es que te voy a encontrar, quizas no en mi cama, pero si en mis sueños.

PAPER HEART

EL UNIVERSO

Siempre hable de ti, como si hubiera encontrado una galaxia nueva en este universo y este mundo tan falso, pero vi un cometa que me llevo a ti.
Recuerda que todos somos universo en los ojos del astronauta correcto.
Con cien mil defectos, pero no conocerás un corazón como el mio, porque vivimos en un mundo donde el bueno tiene que ir al psicólogo para aprender a sobrellevar las cosas que hace el malo o la persona que está lastimada.
Ojala algun dia te des cuenta que yo te queria mucho, más de lo que te imaginas y un poco más de lo que te mereces.

PAPER HEART

DECISIONES ERRADAS

La vida nos pone dos tipos de escaleras la #1 con vidrios cortados, clavos combinado con fuego y encima una capa blanda como una sábana tapando toda las cosas nombradas , la #2 la otra escalera está oscura solo con un interruptor con telaraña y pensamos que de las dos la #1 es la más limpia, así es la vida actuamos sin pensar y no tomamos un poquito de calma para pensar para avanzar , para prender el foco y subir la escalera, el problema no está en la persona que da mucho, sino en la que recibe que no sabe valorar, por eso nunca te arrepientas de tener un buen corazón porque todo lo bueno viene multiplicado porque también hay una segunda oportunidad a la persona amada.
Te equivocaste y no te lo diré yo, te lo dirá el tiempo.

PAPER HEART

EL Valor

Recuerda que la persona equivocada no será capaz de darte el valor que mereces, te hará daño, le dará igual lo que pase en tu vida, te dejara de hablar, abusara de tu confianza , en cambio para la persona correcta siempre serás valiosa, siempre buscará lo mejor para ti aun si pedirselo , seras importante, te va ayudar si algo te sale mal, y estará en todo momento y circunstancia a tu lado porque ese es el verdadero valor de una persona que te ama.

p/d. Cuando dañas a la persona correcta la incorrecta te enseña como duele, imaginate dañar a la persona que la vida te envío para sanarte.

PAPER HEART

EL BOLETO PARA VERTE

Hay que aprender a cuidar a las personas que nos hace bien,la que nos impulsa hacer mejor, la que nos da confianza, la que esperaría , trenes , aviones , buses con tal de vernos , la que te acompañe en los días grises y en los buenos también.

Te propongo un trato:
vamos a ser felices y olvidemos el resto , el mejor regalo que te puedo dar es seguridad.

PAPER HEART

- ☐ *Este año conocí la versión más rota de mi, pero al mismo tiempo la versión más fuerte y resiliente.*
- ☐ *Hay personas que te lastiman y no porque sean malas, es porque están muy lastimadas por dentro.*
- ☐ *La vida nunca deja de darte señales y las señales a veces son personas.*
- ☐ *Algun dia vas a recordar todo lo que hice por ti , para quedarme a tu lado y vas a recordar también todo lo hiciste tu para alejarme y ese dia sera cuando empieces a echarme de menos.*
- ☐ *Las cosas verdaderas no solo duran instantes , si no duran mucho tiempo y amar a una persona profundamente es encariñarte con sus pequeños defectos.*
- ☐ *Quizás ahora yo no te haga falta, pero el tiempo te dará la razón, pero abran miles de personas que van a quererse acostar contigo, querer pasar el rato, pero de todos esos miles, no vas a encontrar uno, que tenga los mismo planes que yo tenía contigo.*
- ☐ *Estaré en tus logros y también en tus fracasos creyendo en ti y amandote siempre.*
- ☐ *Vuelveme a conocer, volvamos a coquetear, regresemos a las tonterías ocurrentes y pláticas sin sentido, a las salidas a entrenar juntos, vuelve a coquetearme de esa maneras que tuviste conmigo , volvamos al inicio cuando aun no sabia que te terminará amando.*

PAPER HEART

VEO EN TI

Veo en ti a alguien con ganas de querer, pero con miedo a fracasar, a ser lastimada una vez más, pero con un corazón noble y un tanto inocente, un alma preciosa de esas que ya no hay.
Alguien con grandes inseguridades y con un dolor profundo, pero con un deseo infinito de triunfar, veo en ti, a alguien resiliente, alguien que siempre busca la manera de salir adelante, alguien que a pesar de todo nunca deja de luchar.
En tus brazos el mundo desaparece, y solo queda la magia de tu mirada y la alegría de tu sonrisa.
Mi amor es dulce y sincero, loco y un poco complicado, yo no sé amar con palabras , a mi me enseñaron a amar con el alma.

PAPER HEART

MI DESCRIPCION

Quien me conoce sabe como es mi corazón y mis intenciones,que habre fallado mil veces en la vida, si , porque fallar es de humanos, pero que nunca hice nada para hacer daño a nadie y que me esfuerzo todo los dias en cambiar todo lo que no me gusta de mi, así que con eso me quedo.

PAPER HEART

Amarte asi

Eres un regalo que la vida me puso en el camino, eres como ese rayo de sol que vence el invierno que traes el calor y que salva la vida, ese abrazo que siente como un milagro, esos ojitos que al mirar profundamente, dice quiéreme pero no me lastimes, eres esa mujer que se clava como un puñal, eres una mujer sin tiempo que dilata los segundos y bañarte de eternidad con un beso con una caricia y yo quiero seguir amando así.

PAPER HEART

EL MUNDO AL REVÉS

Las personas saben el precio de todo, pero no saben el valor de nada , vivimos en la cultura del envase que se desprecia el contenido, asi o mas sencillo.

PAPER HEART

MIS ELIZABETH

Las mujeres que amo, son mi madre, mi hija y una persona muy especial que si ella lo lee sabrá quién es, y si ella son mis tres Elizabeth,
mi madre es un amor infinito, donde siempre cuento con ella y su apoyo incondicional.
Mi hija, ella me enseño hacer padre, ella es mi motor a seguir algunas veces me convertí en padre y madre para ella , la que cuando esta conmigo se siente chiquita , engreída y ella sabe que la amo con todas las fuerzas de mi corazón.
N.E. la mujer sin que yo buscarla, la encontré, lo primero que vi fue su sonrisa, su mirada y me enamore de ella por sus defectos , ella es la mujer de mis sueños, la mujer que tanto anhelo, una mujer trabajadora, una excelente madre una mujer fuerte, noble por quien vale la pena luchar , una mujer que inspira y transmite paz, tranquilidad , para mi es un corazón de papel que hace la revoluciones de mi corazón se acelere a mil y solo diré
I LOVE

Índice

DEDICATORIA

Agradezco a Dios por este paso que me da de escribir pensamientos que las personas viven en lo cotidiano y para mi fue un refugio en este mundo caótico, gracias a las personas que me impulsaron dia a dia a seguir escribiendo también va esta dedicación y también a una persona muy especial en mi vida, que mis sentimiento siempre será puro y sincero sin saber qué será del miedo que a pesar de la distancia siempre tendrá ese lugar en mi corazón, Dios pone a personas maravillosas en nuestras vidas a veces no sabes ver con los ojos , solo hay que aprender a mirar con el corazón.
Bendiciones a todos
Recuerden todos somos UNO.

PAPER HEART NM

SINOPSIS

Pensamientos de un corazón noble, es un libro de un compendio de pensamientos y vivencias personales a los que las personas se enfrentan en el diario vivir.
La enseñanza que nos da la vida nos ayuda a sacar dones que nunca creíste tener, se trata ver más alla tu interior para reflexionar y ver la vida de otro punto de vista de un amor sincero que hoy en día no todos se atreven a expresar.

Printed by Books on Demand GmbH, Norderstedt / Germany